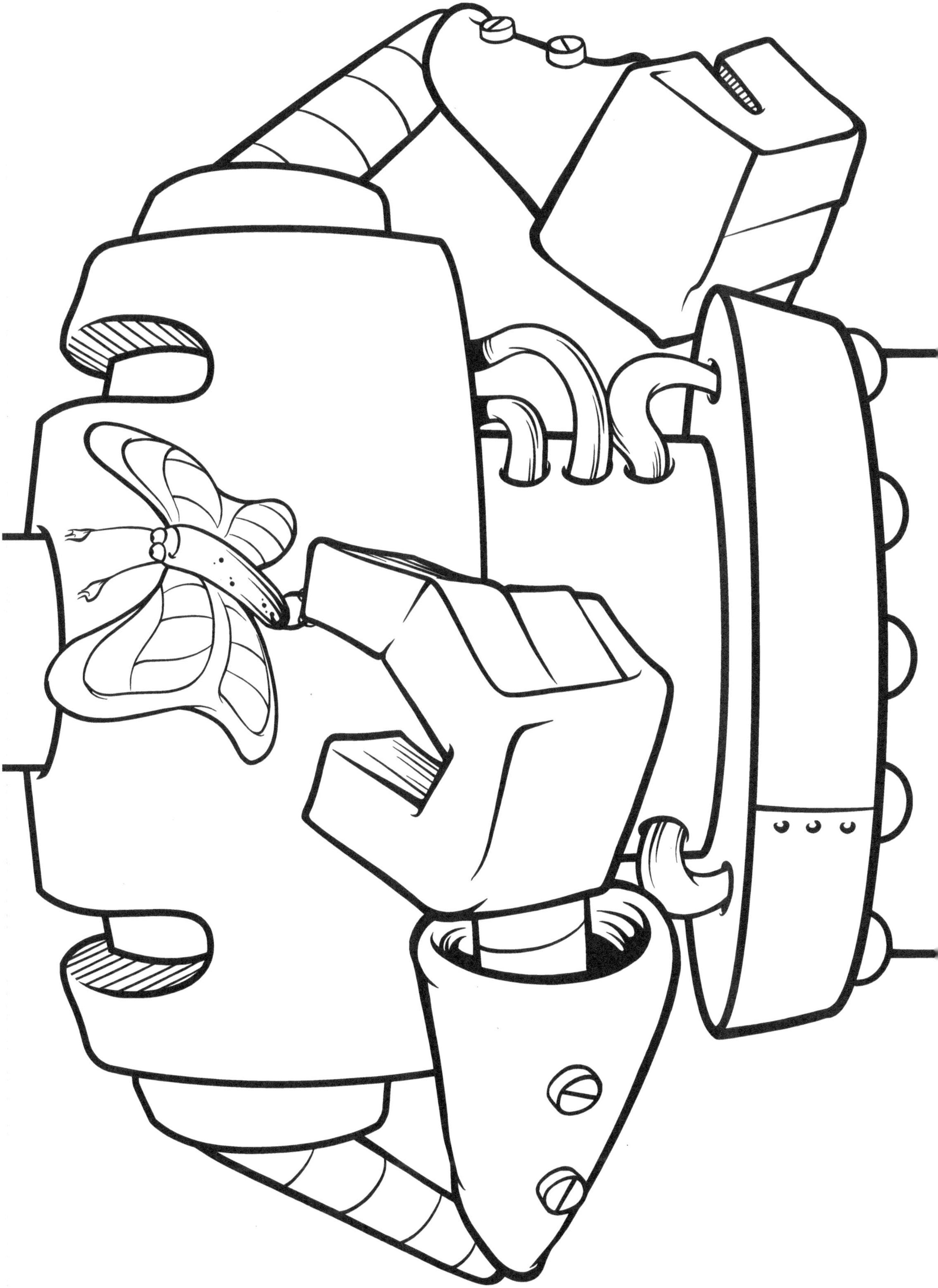

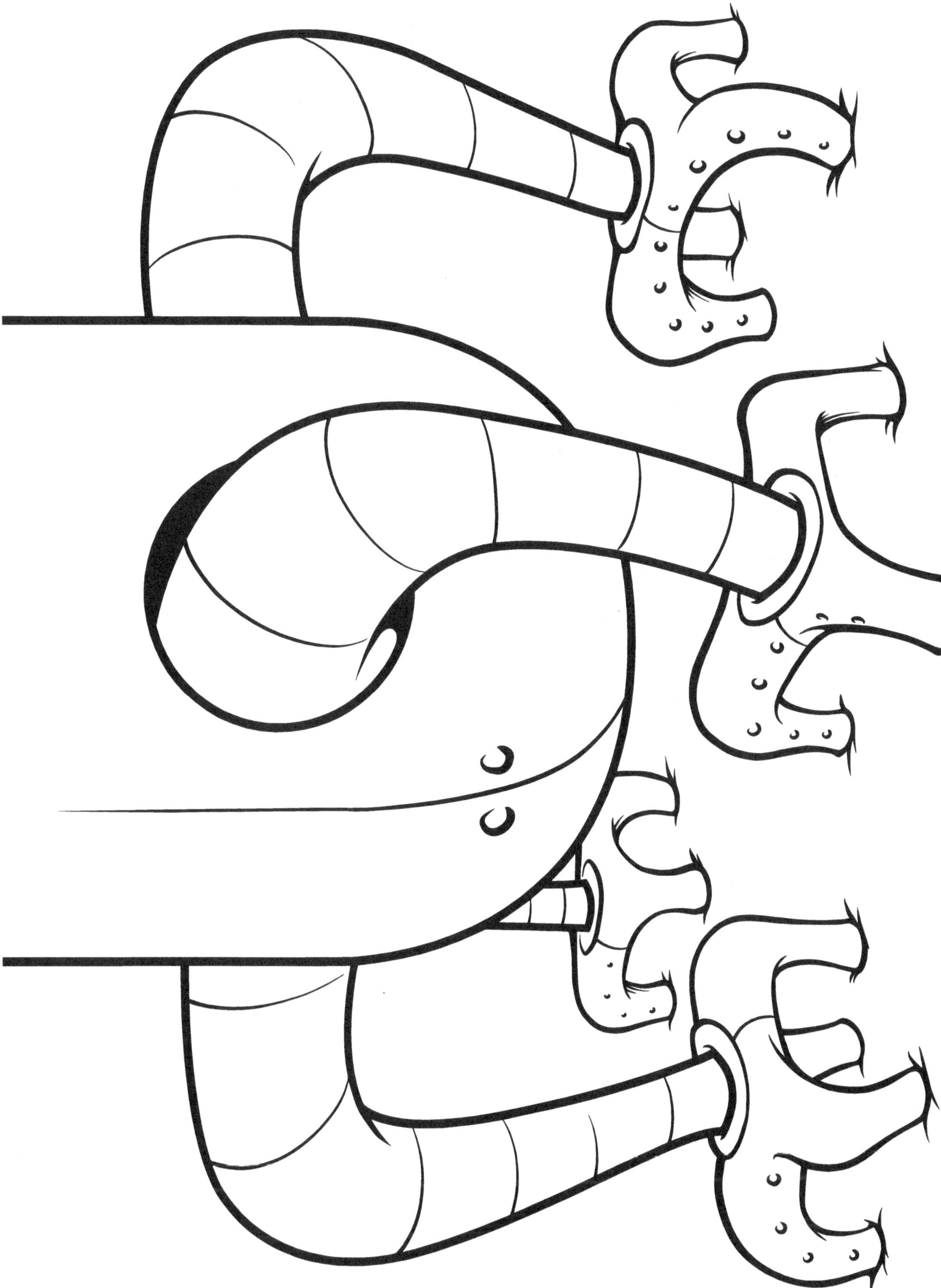

12

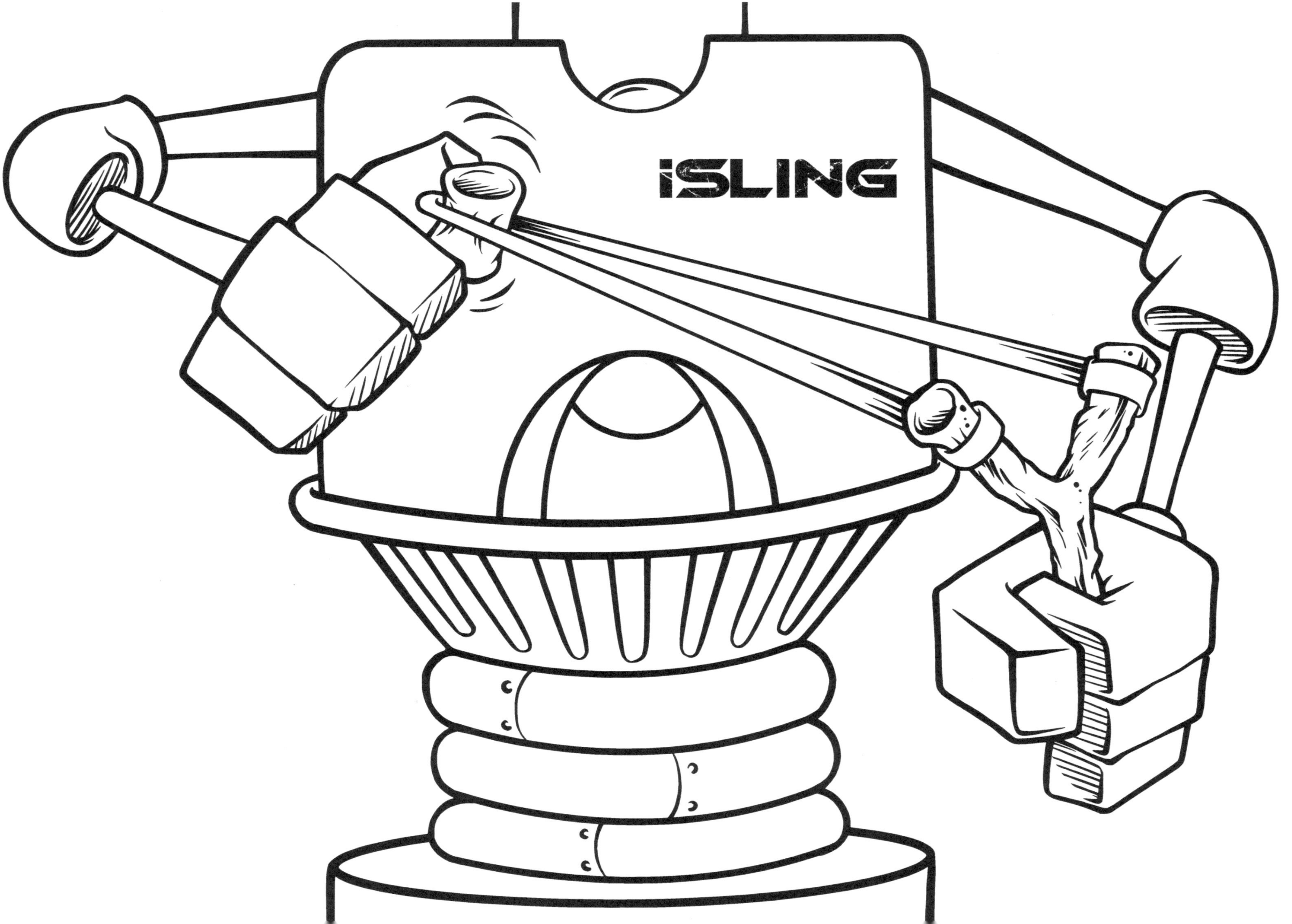
iSLING

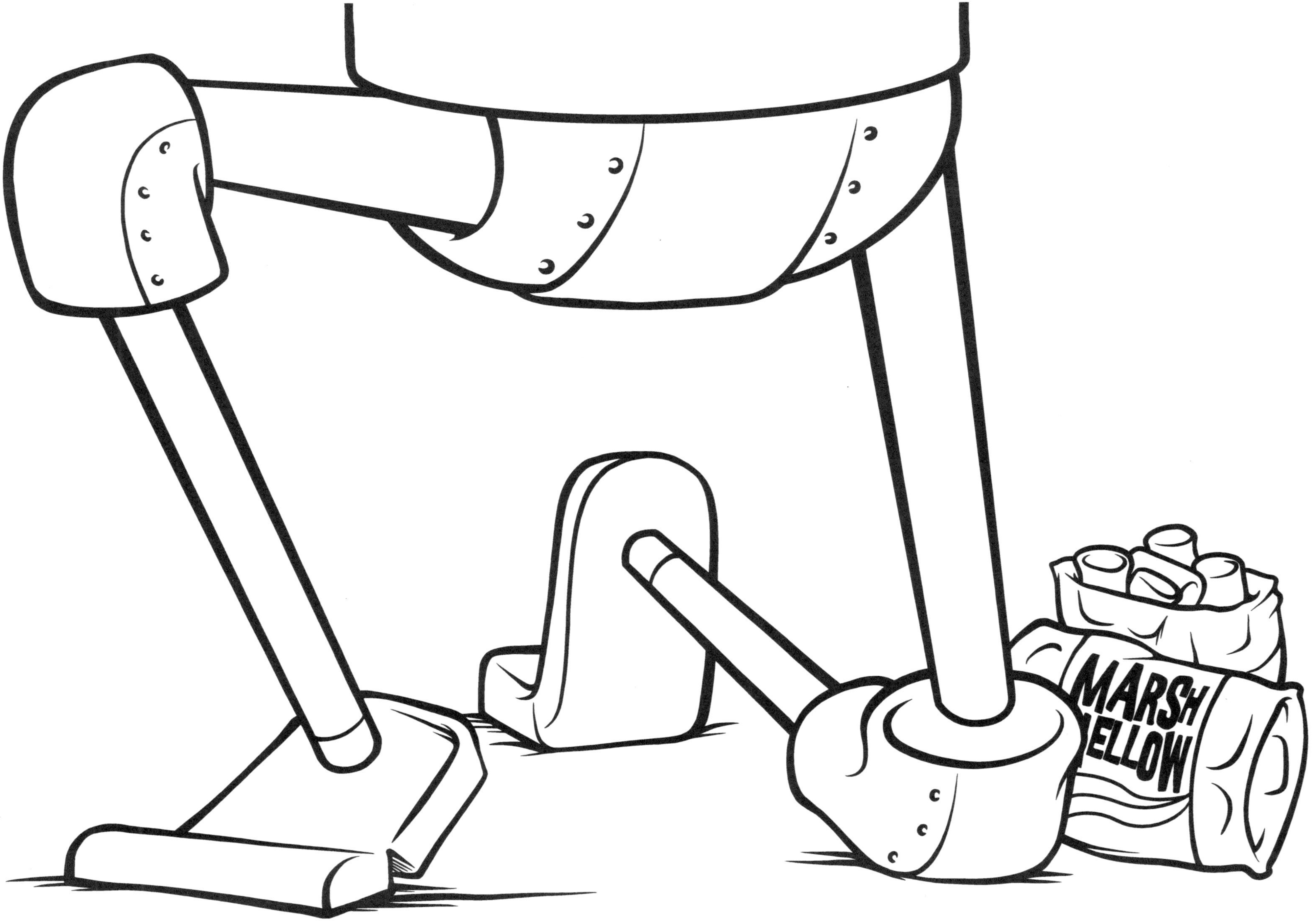
MARSH
ELLOW

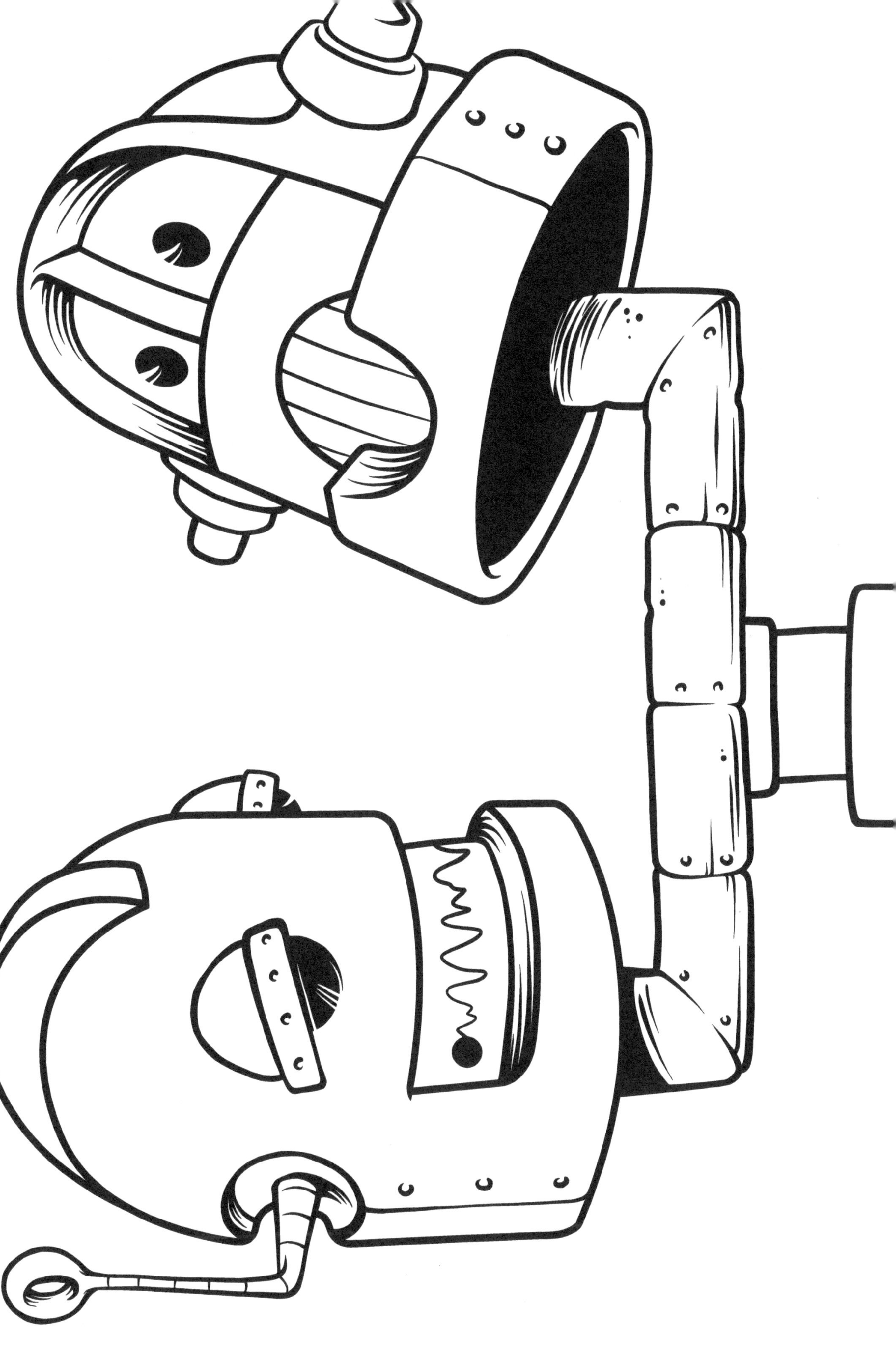

DIY bot

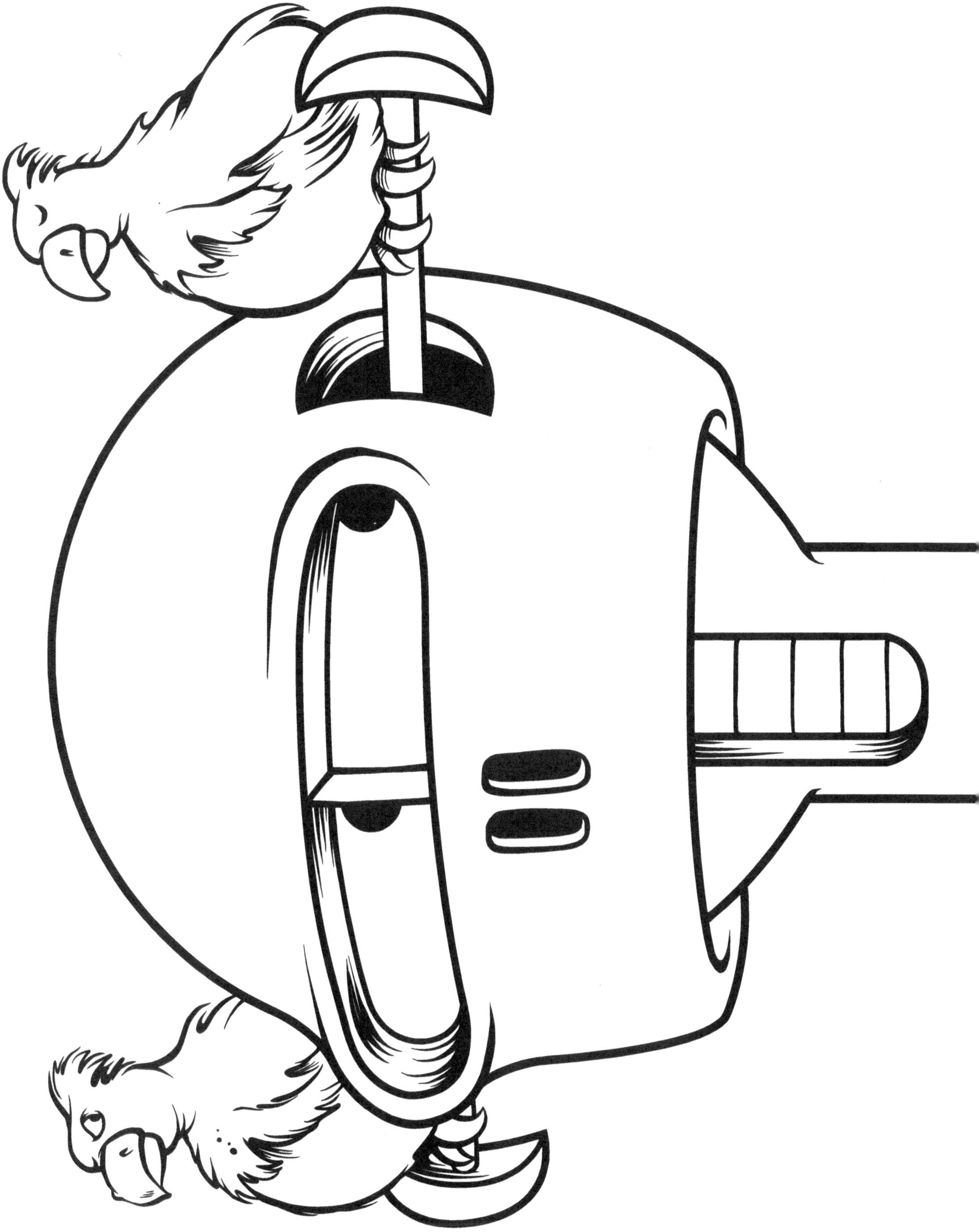

tweet
tweet
BirdBot

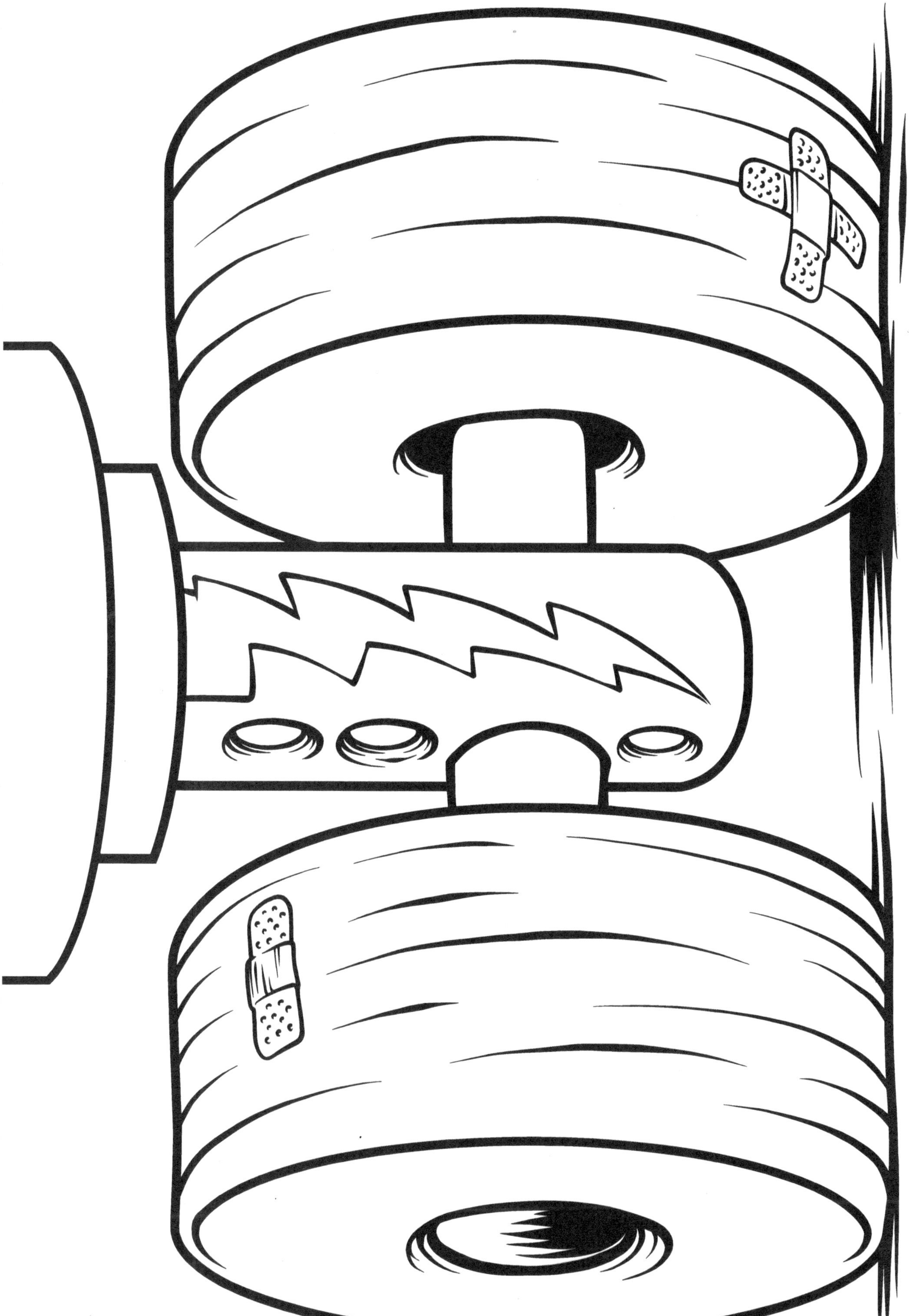

ALPHABot
MNOP

500
#1

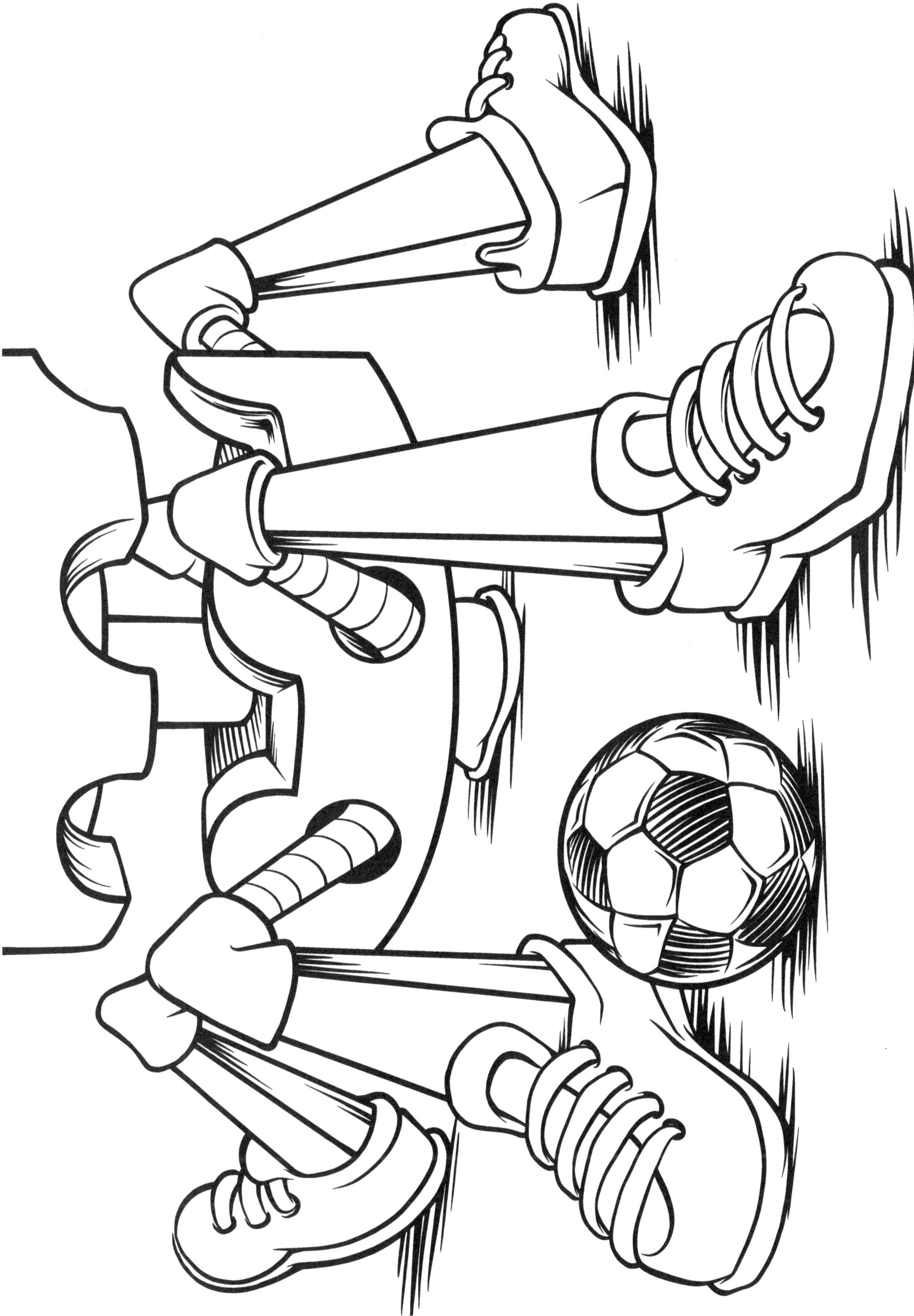

HAPPY
BIRTHDAY

H2O Bot
iSoak

H&E Waders